Michael Ring

Zur Tropik Pindar's [microform]

Michael Ring

Zur Tropik Pindar's [microform]

ISBN/EAN: 9783742866103

Hergestellt in Europa, USA, Kanada, Australien, Japan

Cover: Foto ©Thomas Meinert / pixelio.de

Manufactured and distributed by brebook publishing software
(www.brebook.com)

Michael Ring

Zur Tropik Pindar's [microform]

ZUR

TROPIK PINDAR'S.

--- ✳ ---

Herrn Professor J. Vahlen
in innigsten Hochachtung
M. Ring

VON

DR. MICHAEL RING,

PROFESSOR AN DER STAATS-REALSCHULE ZU PEST.

PEST.

LUDWIG AIGNER.

1873.

Die vorliegenden flüchtigen Skizzen versuchen es, eine Beleuchtung der Pindarischen Bildersprache auf psychologischer Grundlage durchzuführen, — ein Verfahren, das meines Wissens noch nicht entsprechender Beachtung theilhaftig wurde. — Dieser Aufsatz, von dem eine ungarische Bearbeitung in der Zeitschrift: „Középtanodai Tanáregyleti Küzlöny" 1871 Heft 6 erschien, ist eine der Arbeiten, mit denen ich mich bei der Universität Tübingen um den philosophischen Doctorgrad bewarb. Zur Veröffentlichung desselben bestimmt mich der Wunsch, die Frage über die Berechtigung meiner Methode einem weiteren Leserkreise vorzulegen.

Pest, im October 1872.

Dr. Michael Ring.

Zur Tropik Pindar's.

„Der ganze Zauber der Poesie liegt wesentlich darin, dass ein reiches, tiefes Innerliches sich durch und in einem Gegenstande der Aeusserlichkeit erfassbar macht, dass, während man nur diesen in seiner bildlichen Ganzheit zu haben glaubt, man doch jenes zugleich als wesentlich mitempfängt." (Rinne.)

Wenn auch die tief in das Wesen griechischer Lyrik eingreifende Bedeutsamkeit der Pindarischen Bildersprache seit 1843 verhältnissmässig zahlreiche Versuche einer systematischen Uebersicht dieser Tropik in's Leben gerufen hat, so dürfte doch ein Blick in die einschlägigen Schriften von Rauchenstein, Lübbert, Goram und Godofredus genügen, um das Urtheil Bernhardy's [1]), der auch nach Goram's weitläufiger und verdienstvoller Arbeit [2]) noch abschliessende Resultate vermisst, zu unserem eigenen zu machen.

Der Mangel an mehrseitiger Beleuchtung ist es, der die Literatur des Gegenstandes [3]) nur in dem zweideutigen Werthe „nützlicher Beiträge" erscheinen lässt, die starre Consequenz im Festhalten e i n e r Richtung, die, durch die geistvolle Ini-

---

[1]) „Grundriss der griech. Literaturgeschichte", II., pag. 727 der 3-ten Bearb., 12te ff. Zeile v. unten.

[2]) „Pindari translationes et imagines" im Philologus XIV. (1859) pp. 241 ff. und 478 ff.

[3]) Nebst dem Erwähnten: Luebbert, „De elocutione Pindari" dissertatio inauguralis Hal. 1853, pagg. 9—12 und 39—57, seine Anordnung: „Metaphorae I. ap ipso carminis argumento, II. extrinsecus [a] e rerum natura, b) ab hominum persona vitae institutis et instrumentis] petitae.

tiative Lübbert's ausgesprochen, von Goram[4]) auf breitester Grundlage entwickelt und von Godofredus[5]) nur allzu treu beibehalten wurde.

Ferner Dr M. Godofredus „De elocutione Pindari" Susati (nach Bernhardy l. l. 1865) wovon später. (R. Rauchenstein „Zur Einleitung in Pindar's Siegeslieder" weist im ersten Theile des Abschnittes über die Tropen auf den Zusammenhang hin, der zwischen der polydämonistischen Weltanschauung der griechischen Poesie und den die Natur unter polydämonistischem Einflusse belebt darstellenden Tropen Pindar's stattfindet (p. 110—114), im zweiten (p. 114—116) erwähnt er beispielsweise in planloser Allgemeinheit einige Bilder.) —

[4]) Vgl. den Inhalt: A) objective Translationen: §. 1. Mixtae dearum et locorum notiones. §. 3. Animatur terra et partes ejus. §. 4. Societatis hominum familiaris ac bellicae nomina tralata. §. 7. Corporis partes et membra pro tota persona. §. 8. Rebus manufactis corpus atque animus porrigitur. §. 11—13. Translationes ab animalibus, plantis, lapidibus petitae. §. 15. Itinera terrestria, recta, alta, splendida. §. 16. Tralationes a negotiis vitae communis et opificii petitae. B) Subjective, insofern sie nämlich „aut ipsum poetam spectant, aut poetae arte tanquam cardine quodam vertuntur, p. 241)", während der Anordnung wieder die objectiv-äusserliche Verschiedenheit der bildlichen Züge zu Grunde liegt. C) §. 1. Locutiones a certaminibus petitae. §. 2. Poeta jaculans. §. 3. — curru Musarum vehitur. §. 4. Via verborum. — silentii cet. §. 6. Poesis alata. §. 9. Poeta igni illustrans. §. 10. Poeta architectus et statuarius. §. 11. Translationes ab amictu petitiae.

[5]) in der (Anmerkung 3) erwähnten Schrift pag. 63—108; den Unterschied Goram's zwischen objectiven und sogenannten subjectiven Translationen als ungerechtfertigt anerkennend, theilt er Pindar's Tropen ein in §. 1. Metaphorae et imagg. a musis gratiisque sumtae. §. 2. Mm. splendoris, ignis, siderum. §. 3. Mett nubium, imbris, aquae. §. 4. Mett. maris et navigationis, tempestatum et ventorum. §. 5. — ab opificiis et vitae communis negotiis petitae. §. 6. Aedificandi et sculpendi ars. §. 7. Itinera. §. 8. Certamina et pugnae, tela. §. 9. Currus, equi §. 10. Hominum res transferuntur. §. 11. Corporis partes et membra. §. 12. Cibus et potus, vinum. (Goram p. 493 ff.) §. 13. Plantarum metaphorae. §. 14. Mellis cum carmine comparatio. §. 15. Metaphorae lapidum, auri. §. 16. Animalium metaphorae. §. 17. Alae. — Wie nun Plan und Anlage der Schrift mit dem seiner Vorgänger vollkommen übereinstimmt, so ist auch die Commentation zu den betreffenden Stellen fast überall bis auf die geringsten Einzelheiten wortgetreu der Abhandlung Goram's entnommen. — Goram's Schrift werden wir demnach ihrer erschöpfenden Ausführlichkeit wegen als einzig beachtungswerthen Repräsentanten dieser Richtung zu besprechen haben.

Diese Richtung ist das Princip der objectiven Topik der Translata, die allein den gleichsam concreten Bestandtheil des Bildes in's Auge fassend, diesen als Merkmal der Zusammengehörigkeit mit dieser oder jener Kategorie (z. B. Theile der Erde, des Körpers, Sphären der bürgerlichen Gesellschaft, Reiche der Natur u. s. w.) hervorhebt.

Die möglichst geringe Berechtigung eines solchen Princips, das nur der gleichsam materiellen Conturen des Bildes, nicht auch dessen geistigen, durch die eigenartige Gestaltung des individuellen Denkens und Fühlens beeinflussten Inhalt betrachtet, — ergibt sich aus der Erwägung des Zieles, das sich jede systematische Tropik vorzustecken hat: der Hervorhebung der dichterischen Individualität — durch Andeutung des Verhältnisses, in welchem die Färbung des Bildes zur allgemeinen geistigen Hebung der Dichterpersönlichkeit steht.

Die Art, wie wir dieses Verhältniss und die schöpferische Thätigkeit des dichtenden Subjectes bei Goram aufgefasst finden: „Sie et vulgaria Pindarus sublimitati suae applicare calluit" (als Rückblick Seite 280) — motivirt zwar das genannte Verfahren, nur die objective Verschiedenheit der concreten Züge des Bildes in's Auge zu fassen, da das gestaltende Eingreifen der Subjectivität nur auf die eine, sich immer gleichbleibende Weise geschieht: vulgare sublimitati suae applicare, — kann aber füglich als Nichtbeachtung oder eigentlich weniger richtige Erklärung der psychologischen Genesis des Tropus bezeichnet werden.

Diese Ansicht erkennt nämlich einseitig im begeisterten Subjecte das schaffende, gestaltende Princip, das, hoch über der Alltäglichkeit des vulgare erhaben, aber in seinem sinnlich-anschaulichen Ausdrucke dennoch auf diese Alltagswelt und ihre Begriffe angewiesen, in künstlerischer Wahl die unvermeidlichen Anschauungen durchgeistigt, und in diesen vergeistigten Abbildungen seiner Phantasie Mittel des intellectuellen Verkehrs gewinnt, die vornehm genug aussehen, um auf den erhabenen Selbstgenuss des begeisterten Ich nicht störend einzuwirken. — Es ist dies die Ansicht der alten Gram-

matiker, die der Definition der Tropen diese Form gaben:
„σχήματα κατὰ μίμησιν καὶ κατὰ τὴν τέχνην"; in Anbetracht
dieser gesuchten Aussergewöhnlichkeit des Tropus würden wir
dann die eigenthümliche Schlussfolgerung des griechischen
Rhetor anonymus verstehen, der den Tropus als Soloecismus
der Phantasie betrachtend, ihn „ἁμάρτημα λόγου" nannte.

Die fruchtbaren Untersuchungen von Schott, Maasz, Sul-
zer, Adelung, Rinne, Reinbeck, Braubach, Gottschall haben in
Betreff des Verhältnisses der tropischen Anschaulichkeit zu
der schaffenden Subjectivität wesentlich geläuterte Grundan-
sichten zu Tage gefördert, die wir im Hauptsächlichsten fol-
gendermassen darstellen können:

Jede Anschauung (gehöre sie der sinnlichen Wahrneh-
mung oder der Einbildungskraft an), der die ästhetischen Be-
dingungen bewegender Kraft nicht fehlen, versetzt das Gemüth in den Zustand gehobener Stimmung. Diese geistige
Hebung, hervorgerufen durch den Gesammteindruck der Anschauung, ist unzertrennlich mit dem Bilde des Eindruckes verbunden, die Tonhöhe der Bewegung entspricht
unauflöslich dem Stärkegrade des Eindruckes, so zwar,
dass die productiven Momente einer selbstbewusst und
willkürlich hervorgerufenen poetischen Stimmung, wenn sie
ihren begrenzenden Ausdruck im sinnlichen Bilde des Tropus
finden sollen, in diesem Ausdrucke an jene sinnlichen Bilder
gebunden sind, die im Strömen receptiver Gehobenheit
das Gemüth gleich stark bewegten. Es ist dies psychische,
aus dem Gesetze der Ideenassociation fliessende, die willkür-
liche Wahl des Bildes (vulgare sublimitati suae applicare,
σχήματα κατὰ τὴν τέχνην) ausschliessende Nothwendigkeit.
[Vgl. Dr. Braubach: Grammatik des Stils (1853) 179. S. „Die
Figuren und Tropen sind keine blos willkürlichen
Zeichnungen, Versinnlichungen oder Vergeistigungen, sie
sind vielmehr geistige Offenbarungen durch die Sprachdar-
stellung. — Ihre Anwendung geschieht (wenn auch theils
durch speciell darauf gewendete Meditation) doch noch
vielmehr durch eine allgemeine geistige Hebung, welcher die Figuren wie unwillkürlich zu-
fliessen aus dem innern, verborgen ruhenden

Reichthum der Erinnerung u. s. w.] Darüber, dass das sinnliche Bild des Tropus ausserhalb der subjectiven Wahl liegt, die Blume der Rede, um bildlich zu sprechen, ebenso natürlich aus der gehobenen Stimmung erwächst, wie die wirkliche aus den vegetativen Lebensbedingungen, vergleiche man Gottschall Poetik, I, 222. pag.

Diese Bewegung des Gemüthes aber, diese geistige Hebung, die einerseits durch das sinnliche Bild des Tropus begrenzt ist, hat anderseits zugleich einen Inhalt von Anschauungen, Begriffen, durch welchen, als durch gemeinsame Beziehung, der Tropus mit der farblosen Gedankenreihe des sogenannten eigentlichen Ausdruckes vermittelt wird. Diese vermittelnde Beziehung ist das tertium comparationis, wie z. B. Pind. Isth. III, 86 (Hartung) ἑργμάτων ἀκτίς ἄσβεστος zwischen dem farblosen Begriffe des ewigen Ruhmes und dem Bilde des unauslöschlichen Strahles das tertium: die Anschauung der kräftigen Dauer.

Dies tertium comparationis ist im Entwickelungsprocesse des Tropus das Moment der höheren Gemeinsamkeit, der selbstbewussten Einheit (Einheit des Verstandesmässigen und der Gemüthsbewegung), wodurch der Tropus den Anforderungen der Lyrik gerecht wird, die die Aussenwelt durch das Selbstbewusstsein des lyrischen Ich hindurchgestrahlt haben will.

Dies tertium comparationis ist es, was wir einer planmässigen Tropik als Anordnungsprincip zu Grunde legen wollen; denn das tertium comparationis zeigt uns, welche Beziehungen der äusseren und der gedanklichen Welt sich auf die Stimmung des Dichters am anregendsten erwiesen, so anregend, dass sie den Dichter in der erhöhten Wärme des Gefühls das Bild, das seine poetische Intuition mit dem subjectiv Gedachten als innigst verwandt auffasst, — unmittelbar statt des gedanklichen Ausdruckes setzen lassen. Da nun eben im Auffassen, gewissermassen Herausgreifen dieser gemeinsamen Beziehungen jeder Dichter eigen in seiner Art ist, werden durch eine unmittelbare Voranstellung des tertium comparationis die für jeden Dichter charakteristischen Eigenthümlichkeiten des metaphorischen Gebrauches unserer Betrachtung um ein Bedeutendes näher gerückt.

Ein Schabloniren der sinnlichen Elemente nach Merkmalen blos äusserlicher Zusammengehörigkeit führt nicht nur die Beobachtung abseits des Zieles, sondern wird sich auch selten des Vorwurfes unwesentlicher Zufälligkeit erwehren können. So, um ein Beispiel anzuführen, rechnet Goram (p. 279) Py. III, 117 ff. (H.) τὰ μὲν (τὰ πήματα) ὧν οὐ δύνανται νήπιοι κόσμῳ φέρειν, ἀλλ' ἀγαθοί, τὰ καλὰ τρέψαντες ἔξω unter die metaphorae a togis Graecorum albis sumtae, während Andere es auf die Bildhauerarbeiten beziehen, deren sorgsamer ausgearbeitete Partien den Beschauern zugekehrt wurden, und Pindar möglicherweise keines der beiden, sondern eine dritte beliebige Sache vor Augen hatte, deren glanzvolles Aeusseres mit dem unscheinbaren Innern gerade so contrastirte, wie die ungetrübte Harmonie in der äusseren Erscheinung des sich beherrschenden Mannes (worauf Bezug genommen wird) mit seinem kummerumdüsterten Innern. — Jedenfalls ist es nicht weniger interessant, an der vermittelnden Idee des tertium comparationis das Gemeinsame der, nach beiden Seiten (als Bild und logischer Zusammenhang) begrenzten Vergleichungsmomente hervorgehoben zu sehen: wie Pindar den Contrast des gefälligen Aeussern und des missfälligen Innern dargestellt habe. — Ich glaube, dieser Gedanke liegt einer psychologischen Betrachtung näher als die Frage, wie Pindar die weisse Toga in der Reihe seiner Metaphern verwerthet habe. Die übliche Voranstellung der Gebiete, aus denen der Dichter den Stoff seiner Bilder entlehnt, charakterisirt uns Pindar vorwiegend als den Mann des 5. Jahrhunderts vor Christi, mit dem Umfange der Anschauungswelt, mit der Ausdehnung der Erfahrungskreise eines solchen: unsere Anordnung, welche die Beziehung voranstellt, in der Pindar Aussen- und Gedankenwelt als verwandt betrachtet, charakterisirt uns Pindar den Dichter, wie er das Leben seiner Seele in das bunte Treiben der Welt, in das geheimnissvolle Weben der Natur hineinschaut, oder die Erscheinungen der Aussenwelt unter einander in neuen, von dem prosaischen Betrachter nie geahnten verwandtschaftlichen Beziehungen erfasst. Und wir wollen durch eine Uebersicht seiner Tropen Pindar den Diéhter charakterisiren.

Nach somit vorausgeschickter Erörterung der psychologischen Genesis des Tropus als grundlegender Rechtfertigung unseres Anordnungsprincipes versuchen wir uns auf dem Gebiete der Pindar'schen Tropik zu orientiren, indem wir aus dem vorliegenden reichen Materiale die Anschauungen wählen, die uns am häufigsten als Inhalt metaphorischer Gestaltungen entgegentreten.

I

Bilder, denen die Anschauungen a) unerschütter-
licher, unzerstörbarer Festigkeit, b) bindender, fes-
selnder Kraft, c) dynamischer Fülle und kräftigen
Schwunges, d) stürmischen, offensiven Strebens, e) lei-
tender — f) bezwingender — g) zerstörender Gewalt
als tertium comparationis zu Grunde liegen:

a.

Metaphern unzerstörbarer Festigkeit: (Dem angeführten
Texte liegt die Ausgabe von J. A. Hartung [Leipz., Engelmann
1855] zu Grunde, womit durchgehends B e r g k , e d i t. III.,
L. T e u b n e r 1866. verglichen wurde.) Frag. pag. 162, v.
18: ἂν δ' ἐπικράνοις σχεδὸν πέτραν ἀ δ α μ α ν τ ο π έ δ ι λ ο ι κίονες
Py. IV. 116: τίς δὲ κίνδυνος κ ρ α τ ε ρ ο ῖ ς ἀ δ ά μ α ν τ ο ς δῆσεν
ἅ λ ο ι ς; cf: Frag. pag. 252, num. 46: Ταρτάρου πυθμήν πιέσει
σ' ἀφανοῦς σ φ υ ρ η λ ά τ ο ι ς δεσμοῖς ἀνάγκας, — des Unwandel-
baren, Unerschütterlichen Ne. VI. 5: ο δὲ χ ά λ κ ε ο ς ἀσφαλές
αἰὲν ἕδος μένει οὐρανός (— auch von seiner offensiven Seite
Nl. I, 23: ὦπασε δὲ Κρονίων πολέμου μναστῆρα οἱ χ α λ κ ε ν τ έ ο ς
λαὸν ἵππαιχμον und Ne. V, 32: εἰ δ' ὄλβον ἤ χειρῶν βίαν ἤ
σ ι δ α ρ ί τ α ν ἐπαινῆσαι πόλεμον δεδόκηται). — Wer Mauern
gleich nicht wankt: Py. V, 139 ff: ἐν ὄρνιξιν αἰετὸς ἔπλετο·
ἀγωνίας δ', ἔρκος οἷον, σθένος vgl. den Begriff unter dem
Bilde π ύ ρ γ ο ς Isth. IV, 52 ff: τετείχισται δὲ πάλαι π ύ ρ γ ο ς
ὑψηλᾶς ἀρετᾶς ἀναβαίνειν („Bollwerk" Hart.) — Das Bild der

standhaltenden Kraft: Isth. VI, 20: ἦ Δωρίδ' ἀποικίαν ἀνίκ'
ἀν' ὀρϑῷ ἔστασας ἐπὶ σφυρῷ Λακεδαιμονίων. —

In seelischer Beziehung: die unbeugsame Kraft unter
dem Bilde: Py. IV, 117: ϑέσφατον ἦν Πελίαν ἐξ ἀγαυῶν Αἰολιδᾶν
ϑανέμεν χείρεσσιν ἢ βουλαῖς ἀκάμπτοις. —

b.

Die Kraft des Zusammenhaltens — als organisches Band
— Isth. VII, 92: (Achilleus) Ἑλέναν τ' ἐλύσατο, Τροίας ἵνας
ἐκταμὼν δορί (Troja's Helden nämlich), — als fesselnde (frei-
heitraubende) Gewalt: Frag. pag. 252, num. 46: Ταρτάρου
πυϑμὴν πιέσει σ' ἀφανοὺς σφυρηλάτοις δεσμοῖς ἀνάγκας,
— so Py. IV, 116: τίς δὲ κίνδυνος κρατεροῖς ἀδάμαντος δῆσεν
ἅλοις. — Py. III, 77: ἀλλὰ κέρδει καὶ σοφία δέδεται; —
Ne. XI, 73: δέδεται γὰρ ἀναιδεῖ ἐλπίδι λῆμα, προμαϑείας δ'
ἀπόκεινται ῥοαί. — In ähnlichem Bilde: Ne. V, 45: Πηλέα ϑ',
ὥς τέ νιν ἁβρὰ Κρηϑεῒς Ἱππολύτα δόλῳ πεδᾶσαι ἤϑελε cet.,
vgl. Frag. pag. 240, num. 10: (τῷ Λυσίῳ ϑεῷ) λύοντι τὸ τῶν
δυσφόρων σχοινίον μεριμνᾶν; unter einem anderen Bilde:
Isth. VII, 77: ἐν διχομηνίδεσσιν δὲ ἑσπέραις ἐρατὸν λύοι κεν
χαλινὸν ὑφ' ἥρωι παρϑενίας.

c.

Bilder dynamischer Fülle: von der schäumenden, über-
sprudelnden Jugendkraft: Py. IV, 293 ff: πέμπε δ' Ἑρμᾶς
χρυσόραπις διδύμους υἱοὺς ἐπ' ἄτρυτον πόνον — τὸν μὲν Ἐχίονα,
— κεχλάδοντας ἥβᾳ, — τὸν δ' Ἔρυτον. »zwei in Jugend
strotzende Söhne« Hart. — Vgl. Isth. VII. 85, ff: καὶ νέαν
ἔδειξαν σοφῶν στόματ' ἀοιδαῖσιν ἀρετὰν Ἀχιλέος· nach der Lesart
der codd., scheint sich ebenfalls mehr auf die jugendfrische
Fülle der Heldenkraft, als »Achills unerhörte Grossthaten«
(Hart.) zu beziehen.

Durch den Begriff der üppigen Kraftentwickelung sind
mannigfaltige Bilder vermittelt, z. B.: Py. I. 170, ff:

εἴπερ|τι φιλεῖς ἀκοαν
ἀδεῖαν αἰεί κλύειν, μὴ
κάμνε λίαν δαπάναις·
ἐξίει δ' ὥσπερ κυβερνάτας ἀνὴρ
ἱστίον ἀνεμόεν. μὴ δολωθῇς,
ὦ φίλος, εὐτραπέλοις κέρ|δεσσιν.

Aehnlich von der ausgedehntesten Freundlichkeit den Gästen gegenüber Isth. II. 58, ff: οὐδέποτε ξενίαν οὖρος ἐμπνεύσαις ὑπέστειλ' ἱστίον ἀμφὶ τράπεζαν· ἀλλ' ἐπέρα ποτὶ μὲν Φᾶσιν θερείαις, ἐν δὲ χειμῶνι πλέων Νείλου πρὸς ἀκτάς; dieselbe Anschauung in Ne. V. 86, ff: δίδοι φωνάν, ἀνὰ δ' ἱστία τείνον πρὸς ζυγὸν καρχασίου (vom Lobe des sieggekrönten Pankratiasten). —

Stärker gefärbte, durch den Begriff der ewig dauernden Kraft vermittelte Metaphern Isth. III. 84, ff:

εἴ τις εὖ εἴπῃ τι, καὶ πάγ-
καρπον ἐπὶ χθόνα καὶ διὰ πόντον βέβακεν
ἐργμάτων ἀκτὶς καλῶν ἄσβεστος αἰεί.

(cf. frag. pag. [147 u.] 148 auf Theron: ἕπετο δ' ἀενάου πλούτου νέφος — ähnlich von den weitreichenden, breitausgedehnten Beziehungen der kräftigen Fülle: Py. IV, 4 ff: (ὄρρα, Μοῖσα). Λατοίδαισιν ὀφειλόμενον Πυθῶνι τ' αὔξῃς οὖρον ὕμνων, — so Ne. VI, 44 ff: εὔθυν' ἐπὶ τοῦτον, ἄγε Μοῖσα, οὖρον ἐπέων εὐκλέα; — die Anschauung weittragender Kraft vermittelt Bild und Begriff in Isth. II, 51 ff: μακρὰ δισκήσαις ἀκοντίσσαιμι τοσοῦθ' ὅσον ὀργὰν Ξεινοκράτης ὑπὲρ ἀνθρώπων γλυκεῖαν ἔσχεν, „an holdem Wesen weit vor allen strahlte" (Hart.) .

Der Anschauung des elastischen Schwunges entsprechen Bilder wie Ol. IX, 137: φῶτας δ' ὀξυρεπεῖ δόλῳ ἄπτωτί δαμάσσαις — διήρχετο κύκλον ὅσσα βοᾷ; wie für kräftigen Aufschwung die Metaphern Py. V, 141 ff: ἀγωνίαις δ', ἕρκος οἷον, σθένος· ἔν τε Μοίσαι ποτανὸς ἀπὸ ματρὸς φίλας· so auch Py. VIII, 47 ff: ἴτω τεὸν χρέος, ὦ παῖ, νεώτατον καλῶν, ἐμᾷ ποτανὸν ἀμφὶ μαχανᾷ; und Ne. VII, 42 ff: ἐπεὶ ψεύδεσί οἱ ποτανοῖσι μαχανᾷ σεμνὸν ἔπεστί τι· „sein sinniger Trug, durch Dichtkunst befiedert, fasst unser Gemüth" (Hart.); in detaillirter Ausführung dasselbe Bild Isth. I, 90 ff: εἴη μιν εὐφώνων πτερύγεσσιν ἀερθέντ' ἀγλααῖς Πιερίδων ἔτι καὶ Πυθῶθεν — ἐξαιρέτοις Ἀλφεοῦ ἔρνεσι φράξαι χεῖρα. cet.

d.

Von den weniger bestimmten Zügen unter den Metaphern des Strebens wie z. B.: Py. IV, 151 u. 152: ὄφρα τις τᾶν ἐν δυνατῷ φιλοτάτων ἐπιψαύειν ἔραται — wenden wir uns zu Bildern, denen die Anschauungen der Energie des Strebens, Wollens u. s. w. zu Grunde liegen; so der Dichter von sich selbst: Py. IX, 163: ἐμὲ δ' ὦν τις ἀοιδᾶν δίψαν ἀκειόμενον πρόσσει χρέος αὖτις ἐγεῖραι καὶ παλαιὰν δόξαν ἐῶν προγόνων.; so Ne. XI, 76: κερδέων δὲ χρὴ μέτρον θηρευέμεν, „der Habsucht muss ein Ziel errungen sein" (Hart.); auf solcher Anschauung beruht Py. X, 49: ὁ χάλκεος οὐρανὸς οὔ ποτ' ἀμβατὸς; von der rasenden Gluth des Begehrens: Py. II, 48 ff: μακρὸν οὐχ ὑπέμεινεν ὄλβον, μαινομέναις φρασὶν Ἥρας ὅτ' ἐράσσατο, . . und Py. IV, 359 ff: ὄφρα Μηδείας τοκέων ἀφέλοιτ' αἰδῶ, ποθεινὰ δ' Ἑλλὰς αὐτὰν ἐν φρασὶ καιομέναν δονέοι μάστιγι Πειθοῦς; (cf. Ne. III, 75: συγγενεῖ δέ τις εὐδοξίᾳ μέγα βρίθει; nicht von der Werthschätzung, sondern von dem sich geltend machenden Hervorstreben angebornen Berufes.) —

Die stürmende Gewalt von ihrer offensiven Seite in Bildern wie ἀνέμων στίχες sehr häufig (= Schlachtenreihen; diese Nuance des heftigen Drängens tritt gewissermassen leise auch dort noch hervor, wo στίχες als blosser Collectivbegriff zu fassen ist wie Py. IV, 93 . . . ταὶ ῥα Μηδείας ἐπέων στίχες; — Ein ähnliches Bild Py. IX, 74 ff: οἶσθα . . . χὠπόσαι ἐν θαλάσσᾳ καὶ ποταμοῖς ψάμαθοι κύμασιν ῥιπαῖς τ' ἀνέμων κλονέονται· — in akustischer Auffassung Ne. III, 112 ff: (ὄφρα) . . . ὑπὸ Τρωίαν δορίκτυπον ἀλαλὰν Λυκίων τε προσμένοι καὶ Φρυγῶν Δαρδάνων τε· — dies gewaltige Stürmen veranschaulicht noch lebhafter Py. II, 115 ff: νεότατι μὲν ἀρήγει θράσος δεινῶν πολέμων· wenn anders δεινῶν πολέμων subjectiv zu fassen ist. (Goram.); auch seelisch die offensive Energie Ne. IX, 78 ff: οὕνεκεν ἐν πολέμῳ κεῖνα ϑεὸς ἔντυεν αὐτοῦ ϑυμὸν αἰχματᾶν ἀμύνειν λοιγὸν Ἐνυαλίου (cf. „mit Muth gewappnet" und ähnliches).

e.

Dem vermittelnden Begriffe der lenkenden Kraft entsprechen Bilder in häufigem, fast typischem Auftreten, wie folgende: Frag. pag. 160 num. 7: (Τύχη) δίδυμον στρέφουσα πηδάλιον; das Bild in Isth. III, 124: (ἔνϑα) ὅδ' ἀνὴρ διπλόαν νίκαν ἀνεφάνατο, παίδων τε τρίταν πρόσϑεν κυβερνατῆρος οἰακοστρόφου γνώμᾳ πεπιϑὼς πολυβούλῳ übertragen, nämlich des Lehrers . . . so Py. X, 130 ff: ἐν δ' ἀγαϑοῖσι κεῖται πατρώϊαι κεδναὶ πολίων κυβερνάσιες und Py. V, 153: Διός τοι νόος μέγας κυβερνᾷ δαίμον' ἀνδρῶν φίλων. Ein anderes Bild Ne. VI, 10 ff: καίπερ ἐφαμερίαν οὐκ εἰδότες οὐδὲ νυχίαν τίς ἄμμι πότμος ἄντιν' ἐνέγραψε δραμεῖν ποτὶ στάϑμαν· so Py. I, 115 ff: τῷ πόλιν κείναν ϑεοδμάτῳ σὺν ἐλευϑερίᾳ Ὑλλίδος στάϑμας Ἱέρων ἐν νόμοις ἔκτισσεν· und Py. VI, 64 u. 65: τῶν νῦν δὲ καὶ Θρασύβουλος πατρῴαν μάλιστα πρὸς στάϑμαν ἔβα. —

Derselben Anschauung entspricht das Bild Ne. VI Ende: δελφῖνι κεν τάχος δι' ἅλμας εἰκάζομαι Μελησίαν χειρῶν τε καὶ ἰσχύος ἀνίοχον· — so von der überzeugenden Bewegkraft der Rede cf. Ne. IV, 153 ff: ῥήματα πλέκων, ἀπαλαιστος ἐν λόγῳ ἕλκειν· — Dieselbe massgebende Kraft des Einflusses als aufmunternd, aufstachelnd aufgefasst Fragm. pag. 235 num. 3 (auf Thrasybul) ἐν ξυνῷ κεν εἴη (ὄχημ' ἀοιδᾶν τοῦτο)... καὶ Διωνύσοιο καρπῷ καὶ κυλίκεσσιν Ἀϑαναίαισι κέντρον'; ein ähnliches concretes Bild: Py. IV, 359 ff: ὄφρα Μηδείας τοκέων ἀφέλοιτ' αἰδῶ, ποϑεινά δ' Ἑλλὰς αὐτὰν ἐν φρασὶ καιομέναν δονέοι μάστιγι Πειϑοῦς.

f.

Hieher rechnen wir Bilder, durch den Begriff bezwingender Kraft vermittelt, wie Ne. III, 72: οὐδέ μίν ποτε φόβος

ἀνδροδάμας ἔπαυσεν ἀκμὰν φρενῶν· so als bewältigende
Obmacht metaphorisch: Isth. V, 93 ff: φαίης κέ νιν ἀνδράσιν
ἀθληταῖσιν ἔμμεν Ναξίαν πέτραις ἐν ἄλλαις χαλκοδάμαντ'
ἀκόναν; kühner sind die derselben Anschauung entsprechenden
Bilder Ol. III, 39: τούτων (der Bäume) ἔδοξεν γυμνὸς αὐτῷ
κᾶπος ὀξείαις ὑπακουέμεν αὐγαῖς ἀελίου· — so Py. I, 4:
(Χρυσέα φόρμιγξ) τᾶς ἀκούει μὲν βάσις, ἀγλαίας ἀρχά; —
Py. I, 16 ff: ὁ δὲ κνώσσων ὑγρὸν νῶτον αἰωρεῖ, ταῖς ῥιπαῖσι
κατασχόμενος — schwächer Py. IV, 303 u. 304: τὸν δὲ
παμπειθῆ γλυκὺν ἡμιθέοις πως ἔρωτ' ἔνδαιεν Ἥρα ναὸς Ἀργοῦς..;
ähnlich Ne. III, 29 u. 30: κατ' αἶσαν ἐν περισθενεῖ μαλαχθεὶς
παγκρατίου στόλῳ· — Hieher gehören Ne. VII, 10 ff: ἀναπνέομεν δ' οὐχ ἅπαντες ἐπὶ ἶσα· εἴργει δὲ πότμῳ ζυγένθ' ἕτερον
ἕτερα; — Py. II, 172 ff: φέρειν ἐλαφρῶς ἐπαυχένιον λαβόντα
ζυγὸν ἀρήγει· ποτὶ κέντρον δέ τοι λακτιζέμεν τελέθει ὀλισθηρὸς
οἶμος·

Diese Gewalt in ihrem lähmenden Einflusse Py. I,
156 ff: ἀπὸ γὰρ κόρος ἀμβλύνει αἰανὴς ταχείας ἐλπίδας·· und
gleich nachher: ἀστῶν δ' ἀκοὰ κρύφιον θυμὸν βαρύνει μάλιστ'
ἐσλοῖσιν ἐπ' ἀλλοτρίοις·

Unter dem Bilde des Herrschers cf. frag. p. 222: (Νέμος)
ὁ πάντων βασιλεύς und frag. p. 232: Ἀρχὰ μεγάλας ἀρετᾶς
ὤνασσ' Ἀλάθεια· cf. Py. VIII, init.: Φιλόφρον Ἀσυχία . . .
βουλᾶν τε καὶ πολέμων ἔχοισα κλαῖδας ὑπερτάτας·

Dem Eindrucke bewältigender Fülle entspringt Ne. IX,
init.: Κωμάσομεν, . . Μοῖσαι, τὰν νεοκτίσταν ἐς Αἴτναν, ἔνθ'
ἀναπεπταμέναι ξείνων νενίκανται θύραι· während in der
Metapher des Sieges selbst: Py. VIII, 53 ff: Ὀλυμπίᾳ τε
Θεόγνητον οὐ κατελέγχεις οὐδὲ Κλειτομάχοιο νίκαν Ἰσθμοῖ θρα-
σύγυιον dieser letzte Zug Analogien des gewohnten Bildes
aufweist, in dem wir uns den Sieger mit dem Fusse „auf
den Nacken" des Gegners tretend vorstellen.

Die Kleinlichkeit des bezwungenen Hindernisses im
Verhältnisse zur weit überlegenen Kraft veranschaulicht tref-
fend: Ne. VII, 141: ὃς ἐξέπεμψας παλαισμάτων αὐχένα καὶ σθένος
ἀδίαντον („schweisslos").

Die niederschmetternde Gewalt auf den Faustschlag
bezogen Ol. XI, 125: κελαδησόμεθα βροντὰν καὶ πυρπάλαμον

βέλος ἐρσιχτύπου Διός markiger nuancirt in Py. XI, 35: πότερόν
νιν ἄρ' Ἰφιγένει' ἐπ' Εὐρίπῳ σφαχθεῖσα τῆλε πάτρας ἔκνισεν
β α ρ υ π ά λ α μ ο ν ὅρσαι χόλον·

g.

Bilder der zerstörenden Gewalt: (schleudert in den Ab-
grund des Verderbens) Ol. XI, 56 ff: ὅδε πατρίδα πολυκτέανον
ὑπὸ στερεῷ πυρὶ πλαγαῖς τε σιδάρου β α θ ὺ ν ε ἰ ς ὀ χ ε τ ὸ ν ἄ τ α ς
ἵ ζ ο ι σ α ν · ἐὰν πόλιν· — unter anderem Bilde Py. V, 151 u.
152: μὴ φθινοπωρὶς ἀνέμων χειμερία κατάπνοά χ α μ α ὶ ὄ λ β ο ν
χ έ ο ι · — so Isth. III, 46: ἀλλ' ἀμέρα γὰρ ἐν μιᾷ τ ρ α χ ε ῖ α
ν ι φ ὰ ς πολέμοιο τεσσάρων ἀνδρῶν ἐ ρ ή μ ω σ ε ν μάκαιραν ἑστίαν·
— vgl. Ne. IX, 52 ff: ἑπτὰ γὰρ δ α ί σ α ν τ ο πυραὶ νεογυίους
φῶτας· (Zerstören als Verzehren); — akustisch aufgefasst:
Py. I, 136 ff: ὄφρα κατ' οἶκον ὁ Φοῖνιξ ὁ Τυρσανῶν τ' ἀλαλατὸς
ἔχῃ ν α υ σ ί σ τ ο ν ο ν ὕβριν ἰδὼν τὰν πρὸ Κύμας· „Die Flotten-
tenzertrümmerung." (H.) Zum Bilde langsamer Zerstörung,
Vernichtung vereinigen sich die Beziehungen in Ol. VI, 167:
μὴ θραύσοι (Lesart Bergk's) χρόνος ὄλβον ἐ φ έ ρ π ω ν·

II.

Metaphern, denen die Anschauungen der Phasen a) des Entstehens, b) der culminirenden Lebensfülle, c) des Vergehens, d) des Wiederauflebens zu Grunde liegen.

a.

Durch den Begriff des ersten Entstehungsmomentes sind Bilder vermittelt wie Ne. VII, 10 ff: ἀναπνέομεν δ' οὐχ ἅπαντες ἐπὶ ἴσα· (nicht alle „mit gleichem Beding" geboren). Das Causalmoment des Werdens veranschaulicht eine Reihe fast typischer Translationen, wie: Py. IV, 290: ἐξ Ἀπόλλωνος δὲ φορμιγκτὰς ἀοιδᾶν πατήρ ... ἔμολεν — Ol. II, 29—34: τῶν δὲ πεπραγμένων ἐν δίκᾳ τε καὶ παρὰ δίκαν ἀποίητον οὐδ' ἂν χρόνος ὁ πάντων πατὴρ δύναιτε θέμεν ἔργων τέλος· — so Ol. VIII, init.: Μᾶτερ ὦ χρυσοστεφάνων ἀέθλων Οὐλυμπία. — (ähnlich als Geburtsstätte) Py. VIII, 35 ff: πολλοῖσι μὲν γὰρ ἀείδεται (νῆσος) νικαφόροις ἐν ἀέθλοις θρέψαισα καὶ θοαῖς ὑπερτάτους ἤτωας ἐν μάχαις·

Unter anderem Bilde Py. III, 7 ff: θρέψεν ποτὶ τέκτονα νωδυνίας ἄμερον γυιαρκίας Ἀσκλήπιον, — so Py. III, 161 ff: ἐξ ἐπέων κελαδεννῶν, τέκτονες οἷα σοφοὶ ἅρμοσαν γιγνώσκομεν· — und Ne. III, 8 ff: μελιγαρύων τέκτονες κώμων νεανίαι· —

In anderer Wendung Ne. VIII, 11: οἴοι καὶ Διὸς Αἰγίνας τε λέκτρον ποιμένες ἀμφεπόλησαν Κυπρίας δώρων· — und wieder Py. IV, 22 ff: φαμὶ γὰρ τᾶς δ', ἐξ ἁλιπλάκτου ποτὲ γᾶς

2*

Ἐπάφριο κόραν ἀστέων ῥίζαν φυτεύσεσθαι μελισίμβροτον·
— Py. IX, 11: καί πολυκαρποτάτας θῆκε δέσποινα χθονὸς, ῥίζαν
ἀπείρου τρίταν εὐήρατον θάλλοισαν οἰκεῖν, — so Isth. V, 14:
σύν τέ οἱ δαίμων φυτεύει δόξαν ἐπήρατον — Py. IV. 112 ff:
μετὰ γὰρ κεῖνο πλευσάντων Μινυᾶν, θεοπομποί σφισι τιμαί
φύτευθεν· — Py. IX, 177: πατὴρ δέ θυγατρὶ φυτεύων
κλεινότερον γάμον, ἄκουσεν. cet. . . cf. Ne. VIII, 30: σὺν θεῷ
γάρ τοι φυτευθείς ὄλβος ἀνθρώποισιν παρμονώτερος· als Quell-
Py. IV, 492 ff: καί κε μυθήσαιθ' ὁποίαν Ἀρκεσίλᾳ εὗρε παγὰν
ἀμβροσίων ἐπέων πρόσφατον Θήρᾳ ξενωθείς· — in anderem Bilde
Py. III, 52 u. 53: πολλὰν δ' ὄρει πῦρ ἐξ ἑνός σπέρματος
ἐνθορὸν ἄϊστωσεν ὕλαν; dasselbe Py. IV, 419 ff: καί ἐν ἀλλο-
δαπαῖς σπέρμ' ἀρούραις τουτάκις ὑμετέρας ἀκτῖνος ὄλβου δέξατο
μοιρίδιον ἆμαρ ἢ νύκτες. —

Das Entstandene, Hervorgebrachte veranschaulichen leb-
hafte Bilder wie Ne. I, 2: κλεινᾶν Συρακοσσᾶν θάλος Ὀρτυγία,
cf. die Wechselbeziehung von Ergebniss und Frucht in Py.
II, 132 ff: καί πέδων παρὰ παισὶν αἰεὶ καλός, ὁ δέ Ῥαδάμανθυς
εὖ πέπραγεν, ὅτι φρενῶν ἔλαχε καρπὸν ἀμώμητον· und Isth.
VII, 81 ff: τοί δ' ἐπὶ γλεφάροις κῦσαν ἀθανάτοισιν· ἐπέων δέ
καρπὸς οὐ κατέφθινε· so Ne. IV, 3 ff: αἱ δέ σοφαί Μοισᾶν
θύγατρες ἀοιδαί θέλξαν νιν ἁπτόμεναι· ferner

Ne. VIII, 13: ἔβλαστε δ' υἱὸς Οἰνώνας βασιλεύς χειρὶ
καί βουλαῖς ἄριστος und Ne. IX, 110: ἐγκιρνάτω τίς μιν —
ἀργυρέαισι δέ κωμάτα φιάλαισι βιατὰν ἀμπέλου παῖδα in der
Wechselbeziehung des vegetativen und animalischen Lebens,
(was auch sonst eine beliebte Wendung Pindarischer Poetik
ist, wie z. B.: frag. pag. 218, vers 23: τότε βάλλεται τότ' ἐπ'
ἀμβρότᾳ χθόνα ἐραταὶ ἴων φόβαι ῥόδα δέ κόμαισι μίγνυται·
und frag. pag. 230: αἵτε τὰς χλωρὰς λιβάνου ξανθὰ δάκρη
θυμιᾶτε· so auch Py. IX, 54 ff: τίς νιν ἀνθρώπων τέκεν; ποίας
δ' ἀποσπασθεῖσα φύτλας ὀρέων κευθμῶνας ἔχει σκιοέντων);
— Ne. I, 103 ff: βελέων ὑπὸ ῥιπαῖσι κείνου φαιδίμαν γαίας
πεφυρσεσθαι κόμαν ἔνεπεν· — und öfter.

b.

Aus der Anschauung culminirender Lebensfülle leiten sich her Metaphern wie Ol. I. 104 ff: πρὸς εὐάνθεμον δ' ὅτε φυὰν λάχναι νιν μέλαν γένειον ἔρεφον; — Py. IV, 107: . . . ἔπεσσι τούτοις ὄγδοον θάλλει μέρος Ἀρκεσίλας· — so Py. IX. 175 ff: (ἐπεὶ θαητὸν εἶδος ἔπλετο·) χρυσοστεφάνου δὲ οἱ Ἥβας καρπὸν ἀνθήσαντ' ἀποδρέψαι ἔθελον· — Py. VII, 22 ff: φαντί γε μὰν οὕτω (κα') κεν ἀνδρὶ παρμενέμεν θάλλοισάν τ' εὐδαιμονίαν τά καὶ τὰ φέρεσθαι. — Isth. III, 6 ff: ζώει δὲ μάσσων ὄλβος ὀπιζομένων, πλαγίαις δὲ φρένεσσιν οὐχ ὁμῶς πάντα χρόνον θάλλων ὁμιλεῖ.; — Isth. VI, 50 ff: τὸ δέ, . . αἰνέων Μελέαγρον, αἰνέων δὲ καὶ Ἕκτορα ἀμφὶ πατρῴᾳ γᾷ εὐανθέ' ἀπέπνευσας ἁλικίαν· — so fragm. pag. 190: παρὰ δέ σφισιν εὐανθὴς ἅπας τέθαλεν ὄλβος· — derselben Anschauung entspricht auch Ne. IX, 23: ὃς τότε μὲν βασιλεύων κεῖθι νέαισί θ' ἑορταῖς ἰσχύος τ' ἀνδρῶν ἁμίλλαις . . . ἄμφαινε κυδαίνων πόλιν, was Hartung als „(neu) gestiftete Feste" (νέαισι ἑορταῖς) fasst, während Goram pag. 253: „juvenum festa" erklärt, (durch das folgende τ' ἀνδρῶν ἁμίλλαις darauf geführt, während es doch blos explicative für den etwas auffallenden Ausdruck ἑορταὶ ἰσχύος steht) — es scheint sich vielmehr auf den üppig aufblühenden Festesglanz zu beziehen (durch das Bild jugendlicher Kraftfülle).

In diese Gruppe gehören ferner Ausdrücke wie Ol. V, 45: ὑγίεντα δ' εἴ τις ὄλβον ἄρδει ἐξαρκέων, κτεάτεσσι καὶ εὐλογίαν προστιθείς, μὴ ματεύσῃ θεὸς γενέσθαι· „gesunde Segensfülle" (Hart.).

Die Fülle materiellen Wachsthums veranschaulicht Ne. IX, 48 ff: Ἰσμηνοῦ δ' ἐπ' ὄχθαισι γλυκὺν νόστον ἀπουράμενοι, λευκανθέα σώματα, πίαναν καπνόν· (die bedeutende Kühnheit solcher und ähnlicher Ausdrücke weist unter andern Ne. X, 21, wo von der Förderung des Schlachtenruhmes ganz unmittelbar: (Ζεὺς) θρέψε δ' αἰχμὰν Ἀμφιτρύωνος·) —

c.

Metaphern des Entschwindendens als vermittelnden Begriffes Ol. II, 36: ἐσλῶν ὑπὸ χαρμάτων πῆμα θνάσκει παλίγκοτον δαμασθέν . . Ol. XII, 17: (τεά) ἀκλεὴς τιμὰ κατεφυλλορόησε ποδῶν · ·

In anderer Wendung Py. VIII, 136: ἐν δ' ὀλίγῳ βροτῶν τὸ τερπνὸν αὔξεται· οὕτω καὶ πιτνεῖ χαμαί ... und Ol. II, 43: πένθος ἐπίτνει βαρὺ κρεισσόνων πρός ἀγαθῶν· — „was (trotz zeitweiser Bedeutsamkeit) den Keim der Vernichtung in sich führt" = Nc. VIII, 61 u. 62: ἁ (Trug und tückische Schmähung) τὸ μὲν λαμπρὸν βιᾶται, τῶν δ' ἀφάντων κῦδος ἀντείνει σαθρόν·

d.

Bilder für die Anschauung des Wiederauflebens: (von den Clenymiden) Isth. III, 50 ff: νῦν δ' αὖ μετὰ χειμερίων ποικίλα μηνῶν (als einst τραχεῖα νιφὰς πολέμοιο τεσσάρων ἀνδρῶν ἐρήμωσεν μάχαιραν ἑστίαν) — ζόφον χθὼν ὥτε φοινικέοισιν ἄνθησε ῥόδοις δαιμόνων βουλαῖς.

So das ähnliche, meisterhaft durchgeführte Bild von der schlafenden Φάμα Isth. III, 57 ff: ἐκ λεχέων ἀνάγει (ὁ κινητὴρ) Φάμαν παλαιὰν εὐκλέων ἔργων· ἐν ὕπνῳ γὰρ πέσεν, ἀλλ' ἀνεγειρομένα χρῶτα λάμπει Ἑωσφόρος θαητὸς ὡς ἄστροις ἐν ἄλλοις, — (und dasselbe Isth. VI, 26: παλαιά — εὕδει χάρις, deren Andenken die Dichtkunst erweckt, wenn die Welt das alte Verdienst der Vergessenheit anheimfallen lässt).

III

Bilder durch die Anschauungen a) der Stärkegrade
der Bewegung, b) ihres Gegentheiles, c) der Formen
der enteilenden, und d) der fluthenden Bewegung
vermittelt.

a.

Hieher gehören Bilder wie Ol. XIII, 53 f: τρία ἔργα
ποδαρκης ἁμέρα θῆκε κάλλιστ' ἀμφὶ κόμαις· so Ol.
V, 3 ff: Ὠκεανοῦ θύγατερ, καρδίᾳ γελανεῖ ἀκαμαντόποδός τ' ἀπήνας
δέκευ Ψαύμιός τε δῶρα· derselben Anschauung gehört an: Py.
III, 54 ff: ἀλλ' ἐπεὶ τείχει θέσαν ἐν ξυλίνῳ σύγγονοι κούραν,
σέλας δ' ἀμφέδραμεν λάβρον Ἁφαίστου, τότ' ἔειπεν Ἀπόλλων·
— So auch Py. IV, 334 ff; εἰρεσία δ' ὑπεχώρησεν ταχειᾶν
ἐκ παλαμᾶν ἄκορος· — und früher verss. 326 u. 327: λαμπραὶ
δ' ἦλθον ἀκτῖνες στεροπᾶς ἀπορηγνύμεναι· — So erscheint
dem Dichter die dahineilende Lanze gleichsam von innerer
Wuth angespornt: φαενναῖς υἱὸν εὖτ' ἐνάριξεν Ἀοῦς ἀκμᾷ ἔγχεος
ζακότοιο· — Auch fehlen nicht die geläufigen Bilder der
„geflügelten" Eile in Ol. IX, 34 ff: καὶ ἀγάνορος ἵππου θᾶσσον
καὶ ναὸς ὑποπτέρου παντᾷ ἀγγελίαν πέμψω ταύταν · · und
Py. II, 90 ff: τέκμαρ ἀνύεται θεός, ὁ καὶ πτερόεντ' αἰετὸν
κίχε καὶ θαλασσαῖον παραμείβεται δελφῖνα.

Die continuirliche Fortbewegung als Bild intensiver Dauer
in Py. II, 150 ff: ὅμως μὰν σαίνων ποτὶ πάντας αἰῶ διαπλέκει
und Ne. VII, 193 ff: εἰ γάρ σφισιν ἐμπεδοσθενέα βίοτον ἁρμόσαις

ἥβᾳ λιπάρῳ τε γήραϊ διαπλέκοι εὐδαίμον' ἐόντα, — negativ: Py. III, 151: ὄλβος οὐκ ἐς μακρὸν ἀνδρῶν ἔρχεται, καὶ κολὺς εὖτ' ἂν ἐπιβρίσαις ἕπηται· — (Anders, in numerischer Auffassung Py. IV, 463 ff: κεῖνος γὰρ ἐν παισὶ νέος, ἐν δὲ βουλαῖς πρέσβυς ἐγκύρσαις ἑκατονταετεῖ βιατᾷ ὀρφανίζει μὲν κακὰν γλῶσσαν φαεννᾶς ὀπός, ect. . .)

Hieher gehören die metaphorischen Nuancen von ἕρπω theils als continuirliche Dauer Ol. XIII, 143 ff: νῦν δ' ἔλπομαι μέν, ἐν θεῷ γε μὰν τέλος· εἰ δὲ δαίμων γενέθλιος ἕρποι, Δὶ τοῦτ' Ἐνυαλίῳ τ' ἐκδώσομεν πράσσειν· — theils als ununterbrochene Folge Isth. III, 80 ff: ὃς αὐτοῦ πᾶσαν ὀρθώσαις ἀρετὰν κατὰ ῥάβδον ἔφρασεν θεσπεσίων ἐπέων, λοιποῖς ἀθύρειν· τοῦτο γὰρ ἀθάνατον φωνᾶεν ἕρπει· „weil es von Mund zu Mund dann ewig fortlebt" (Hart.) — so dass es Py. IV, 229 ff: in die Färbung „unausbleibliche Folge" übertreten kann: ἐντὶ μὲν θνατῶν φρένες ὠκύτεραι κέρδος αἰνῆσαι πρὸ δίκας δόλιον, τραχεῖαν ἑρπόντων πρὸς ἐπίβδαν ὅμως· (der bittern Nachweben). — In ihrem Gesammteindrucke entspricht die Grundauffassung dieser Bedeutung von ἕρπειν der weniger energischen, sanfteren, aber ins Breite, Bleibendere übergehenden Bewegungsform, wofür Pindar Isth. III, 38 ff: ein zart gefühltes Bild hat: ὅσσα δ' ἐπ' ἀνθρώπους ἄηται μαρτύρια φθιμένων ζωῶν τε φωτῶν ἀπλέτου δόξας, ἐπέφαυσαν κατὰ πᾶν τέλος·

b.

Der Auffassung von starrer, unbeweglicher Ruhe entspricht die Metapher in Ne. V, init.: Οὐκ ἀνδριαντοποιός εἰμ', ὥστ' ἐλινύσοντά μ' ἐργάζεσθαι ἀγάλματ' ἐπ' αὐτᾶς βαθμίδος ἑσταότ· ἀλλά κτέ . . . . wie überhaupt für diesen Begriff gerne die Färbung „feierliche Ruhe" eintritt, wie z. B.: ἀσκὸς οὐδέ τις ἀμφορεὺς ἐλίνυε δόμοις··

c.

Der Ausdruck der Bewegung ist die Richtung, der enteilenden Bewegung die Richtung der Längenausdehnung, dem-

nach bieten sich Metaphern von ὁδός, so oft und mannig-
faltig in den Rahmen Pindarischer Kunst gefasst, an dieser
Stelle unserer Beachtung dar, in Fällen, wo sie den Ausdruck
der Art und Weise des sich continuirlich abspinnenden Ge-
schehens darstellen; wie: Ol. VIII, 15: πολλαὶ ὁδοὶ σὺν θεοῖς
εὐπραγίας. — Py. IV, 407 ff: μακρά μοι νεῖσθαι κατ᾽ ἀμαξι-
τόν· ὥρα γὰρ συνάπτει· καί τινα οἶμον ἴσαμι βραχύν· — Py.
VI, 72: τίν τ᾽ Ἐλέλιχθον, ὁρμᾷς ὃς ἱκπείας ἐς ὁδόν μάλα ἀδόντι
νόῳ, Ποσειδᾶν· — Py. IX, 109 ff: ὠκεῖα δ᾽ ἐπειγομένων ἤδη
θεῶν πρᾶξις ὁδοί τε βραχεῖαι· κεῖνο κεῖν᾽ ἆμαρ διαίτασεν· —;
ferner Ne. I, 36 ff: τέχναι δ᾽ ἑτέρων ἕτεραι· χρὴ δ᾽ ἐν εὐθείαις
ὁδοῖς στείχοντα μάρνασθαι φυᾷ· — Ne. I, 97 ff: καί τινα σὺν
πλαγίῳ ἀνδρῶν νόῳ στείχονθ᾽ ὁδὸν ἐχθροτάταν φᾶσε νιν δώσειν
μόρῳ· —

Metaphern des consequenten Beharrens und bahnverlas-
senden Abirrens: Py. XI, 60 ff: Ἦ ῥ᾽, ὦ φίλοι, κατ᾽ ἀμευσι-
πόρους τριόδους ἐδινάθην, ὀρθὰν κέλευθον ἰὼν τὸ πρίν; ἤ μέ
τις ἄνεμος ἔξω πλόου ἔβαλεν, ὡς ὅτ᾽ ἄκατον εἰναλίαν; und Ne. III,
50 ff: θυμέ, τίνα πρὸς ἀλλοδαπάν ἄκραν ἐμὸν πλόον
παραμείβεαι; Αἰακῷ σε φαμὶ γένει τε Μοισᾶν φέρειν· —

Das Bild des Enteilens ferner noch in Isth. VII, 22 ff:
τὸ δὲ πρὸ ποδὸς ἄρειον ἀεὶ σκοπεῖν χρῆμα ᾽στιν· δόλιος γὰρ αἰὼν
ἐπ᾽ ἀνδράσι κρέμεται, ἑλίσσων βίου πόρον· ἰατὰ δ᾽ ἐστι βροτοῖς σύν γ᾽ ἐλευθερίᾳ καὶ τά· —

d.

Durch die vermittelnde Anschauung der fluthenden Bewegung correspondiren die mannigfaltigsten Begriffe; so z. B.
ist κυμαίνειν Py. IV, 259 ff: der Ausdruck lebensfroher
Beweglichkeit: ἀλλ᾽ ἤδη με γηραιὸν μέρος ἁλικίας ἀμφι-
πολεῖ· σὸν δ᾽ ἄνθος ἥβας ἄρτι κυμαίνει· —, an den
meisten Stellen aber der des unschlüssigen Schwan-
kens; wie auch in Isth. III, 32 durch das Bild des um-
springenden Windes im Hin- und Herschwanken, der unmoti-
virte Wechsel des Unbestandes bezeichnet ist: (σὺν θεῷ διέρ-
χονται βιότου τέλος) ἄλλοτε δ᾽ ἀλλοῖος οὖρος πάντας
ἀνθρώπους ἐπαΐσσων ἐλαύνει. —

So ist das verwandte Bild ῥοή Ne. VII, 23 ff: dieser Grundanschauung entsprechend als Strom musischer Begeisterung der wechselvoll bewegten Dichterseele aufgefasst, der den durch Grossthaten gebotenen Stoff (αἰτία) aufgreift: εἰ δὲ τύχῃ τις ἔρδων, μελίφρον' αἰτίαν ῥοαῖσι Μοισᾶν ἐνέβαλεν ..., und haben wir im Wesentlichen dieselben Züge Ne. VII, 119 ff: ξεῖνός εἰμ᾽ · ἀπέχων σκοτεινὸν ψόγον ὕδατος ὥτε ῥοὰς φίλον ἐς ἄνδρ᾽ ἄγων κλέος ἐτήτυμον αἰνέσω · (Anders Ne. XI, 73: δέδεται γὰρ ἀναιδεῖ ἐλπίδι λῆμα, προμαθείας δ᾽ ἀπόκεινται ῥοαί · — wo ῥοαί entsprechend der προμαθεία und im Gegensatz zu δέδεται die Freiheit der vordrängenden Strömung veranschaulichen soll.)

IV.

Bilder, die auf der ästhetischen Auffassung des a)
Imposanten, Achtunggebietenden, b) Grossartigen,
c) Kleinlichen, Niedrigen beruhen.

a.

Dem imposanten Eindrucke des Reichthums entsprechen
Bilder wie: Frag. pag. 159, num. 5: Εὐάρματε χρυσοχίτων
ἱρώτατον ἄγαλμα, Θήβα· — Isth. I, init.: Μᾶτερ ἐμά, τὸ τεόν,
χρύσασπι Θήβα, πρᾶγμα καὶ ἀσχολίας ὑπέρτερον θήσομαι· —
und Isth. VII, 8 ff: τῷ καὶ ἐγώ, καίπερ ἀχνύμενος θυμόν, αἰτέομαι
χρυσέαν καλέσαι Μοῖσαν·

Das Bild erhabener Ruhe Ne. II, 29 ff: (Τιμοδημίδαι)
παρὰ μὲν ὑψιμέδοντι Παρνασῷ τέσσαρας ἐξ ἀέθλων νίκας
ἐκόμιξαν· —

So das schöne Bild erhabenen Selbstbewusstseins: Py.
II, 139 ff: ἄμαχον κακὸν ἀμφοτέροις διαβολιᾶν ὑποφάτορες· ...
κερδοῖ δὲ τὶ μάλα τοῦτο κερδαλέον τελέθει; ἅτε γὰρ εἰνάλιον
πόνον ἐχοίσας βάθει σκευᾶς ἑτέρας, ἀβάπτιστός
εἰμι, φελλὸς ὥς, ὑπὸ ἕρκος ἅλμας, aus der ruhigen
Sicherheit entsprungen; ähnlich die Metapher der seelischen
Erhabenheit in Ne. IX, 69 ff: ἐντί τοι φίλιπποι τ᾽ αὐτόθι καὶ
κτεάνων ψυχὰς ἔχοντες κρέσσονας ἄνδρες· —

Dem Majestätischen entspricht μαρτυρήσει Λυκαίου βωμὸς
ἄναξ (wie ich mit Bergk ed. III: Ol. XIII, 108 lese).

An dem Begriff der Auszeichnung im Allgemeinen sind die mannigfachsten Bilder vermittelt, so die

Metaphern des Glanzes und der Lichtfülle: Py. III, 107 ff: ἀστέρος οὐρανίου, φαμί, τηλαυγέστερον κείνῳ φάος ἐξικόμαν κε βαθὺν πόντον περάσαις und vorangehend: ὑγίειαν ἄγων χρυσέαν κῶμον τ' ἀέθλων Πυθίων αἰγλοστεφάνων . ., Py. VIII, 143 ff: ἀλλ' ὅταν αἴγλα διόσδοτος ἔλθῃ, λαμπρὸν φέγγος ἐπέσπεν ἀνδρῶν καὶ μείλιχος αἰών· so Py. XI, 73: τὰ μὲν ἐν ἅρμασι καλλίνικοι κάλαι Ὀλυμπίᾳ ἀγώνων πολυφάτων ἔσχον θοαῖς ἀκτῖνα σὺν ἵπποις· Ne. III, 159 ff: Νεμέας Ἐπιδαυρόθεν τ' ἄπο καὶ Μεγάρων δέδορκεν φάος· — und Ne. VII, 98 ff: Αἴγινα τεῶν Διός τ' ἐκγόνων θρασύ μοι τόδ' εἰπεῖν, φαενναῖς ἀρεταῖς ὁδὸν κυρίαν λόγων οἴκοθεν· — Isth. I, 30 ff: λάμπει δὲ σαφὴς ἀρετὰ ἔν τε γυμνοῖσι σταδίοις σφίσιν ἔν τ' ἀσπιδοδούποισιν ὁπλίταις δρόμοις· — so Isth. III, 59 u. 60: (Φάμα) ἀνεγειρομένα χρῶτα λάμπει Ἑωσφόρος θαητὸς ὣς ἄστροις ἐν ἄλλοις· — und negativ in Ne. VII, 26 ff: αἱ μεγάλαι γὰρ ἀλκαὶ σκότον πολὺν ὕμνων ἔχοντι δεόμεναι· —

In hellem Licht wandeln, die sich hervorthun Ol. VI, 125: τιμῶντες δ' ἀρετὰς ἐς φανερὰν ὁδὸν ἔρχονται; so Ne. IV, 61 ff: σφόδρα δόξομεν δαΐων ὑπέρτεροι ἐν φάει καταβαίνειν und Ne. IV, 18 ff: δέξαιτο δ' Αἰακιδᾶν ἠΰπυργον ἕδος δίκᾳ ξεναρκεῖ κοινὸν φέγγος· —

Tritt die Nuance ὀφθαλμός, ὄμμα dazu, so wird durch diese bildlichen Ausdrücke mit einer gewissen sympathischen Theilnahme des Gemüthes das Glänzende als Theuerstes, Liebstes, Werthvollstes bezeichnet; cf.: Σικελίας ἔσαν ὀφθαλμός und Py. V, 70 ff: πύργος ἄστεος ὄμμα τε φαεννότατον ξένοισι· —

Die Erhabenheit, Auszeichnung mit dem Begriffe der Höhe in räumlicher Anschauung in Beziehung gebracht: Py. III, 157 ff: ἐλπίδ' ἔχω κλέος εὑρέσθαι κεν ὑψηλὸν πρόσω . . so Py. XI, 86 ff: φθονεροὶ δ' ἀμύνοντ' εἰ τιμᾶς τις ἄκρον ἑλὼν ἁσύχαν τε νεμόμενος αἰὼν ὕβριν ἀπέφυγεν, und Isth. III, 69 u. 70: ἔστιν δ' ἀφάνεια τύχας καὶ μαρναμένων πρὶν τέλος ἄκρον ἱκέσθαι· — Ne. IV, 105 u. 106: ἔγαμεν ὑψιθρόνων μίαν Νηρεΐδων, —;

von der Majestät der Tugend Ne. VIII, 73 ff: αὔξεται δ' ἀρετά, χλωραῖς ἐέρσαις ὡς ὅτε δένδρεον ᾄσσει, ἐν σοφοῖς ἀνδρῶν ἀερϑεῖσ' ἐν δικαίοις τε πρὸς ὑγρὸν αἰϑέρα· — und Isth. IV, 52 u. 53: τετείχισται δὲ πάλαι πύργος ὑψηλὰς ἀρετὰς ἀναβαίνειν· — Vom Ruhme Ne. I, 13 u. 14: ἔστι δ' ἐν εὐτυχίᾳ πανδοξίας ἄκρον· und eigenthümlicher Weise Py. I, 123 ff. die entgegengesetzte Anschauung: ἔσχον δ' Ἀμύκλας ὄλβιοι Πινδόϑεν ὀρνύμενοι, λευκωπώλων Τυνδαριδᾶν βαϑύδοξοι γείτονες, ὡς κλέος ἄνϑησεν αἰχμᾶς· —

Speciellere Bilder in Ne. I, 21 ff: (Ζεὺς κατένευσεν) Σικελίαν πίειραν ὀρϑώσειν κορυφαῖς πολίων ἀφνεαῖς „Perle des Fruchtlandes" (Hart.) dasselbe Py. IX, 123: ὁ δὲ καιρὸς ὁμοίως παντὸς ἔχει κορυφάν· (als Vollkommenheit).

Das Bild der Schwingen Py. IX, 200: πολλὰ δὲ πρόσϑεν πτερὰ δέξατο νικᾶν· und ausführlich Isth. I, 90 ff: εἴη μιν εὐφώνων πτερύγεσσιν ἀγλααῖς Πιερίδων ἔτι καὶ Πυϑῶδεν Ὀλυμπιάδων τ' ἐξαιρέτοις Ἀλφεοῦ ἔρνεσι φρᾶξαι χεῖρα, τιμὰν ἑπταπύλοις Θήβαισι τεύχοντα. —

Der Begriff der Auszeichnung mit den Zierden des Pflanzenlebens in Beziehung gebracht: Py. IX, 115 u. 116: καὶ νῦν ἐν Πυϑῶνί νιν ἀγαϑέᾳ Καρνειάδα υἱὸς εὐϑαλεῖ συνέμιξε τύχᾳ· — Py. I, 126: ἂν κλέος ἄνϑησεν αἰχμᾶς Ol. XIII, 31: ἐν δ' Ἄρης ἀνϑεῖ νέων οὐλίαις αἰχμαῖσιν ἀνδρῶν· — cf. Py. IX, 4 u. 5: (βαϑυζώνοισιν ἀγγέλλων Τελεσικράτη, Χαρίτεσσι γεγωνεῖν) ὄλβιον ἄνδρα, διωξίππου στεφάνωμα Κυράνας· so Ne. IV, 141: (Ὀρσοτριαίνα) ἵν' ἐν ἀγῶνι βαρυκτύπου ϑάλησε Κορινϑίοις σελίνοις· —

Mehrere dieser Nuancen sind zusammengefasst in dem glänzenden Bilde von des Dichters Lob als erhabene Zier: Ne. VII, 152 ff:

εἴρειν στεφάνους, ἐλα-
φρὸν ἀναβάλεο, Μοῖσα, καὶ
πολλᾶν χρυσὸν ἔν τε λευ-
κὸν ἐλέφανϑ' ἁμᾶ
καὶ λείριον ἄνϑεμον
ποντίας ὑφελοῖσ' ἐέρσας· —

b.

Bilder des numerisch und dynamisch Grossartigen bei Pindar: z. B. Ne. VI, 75 ff: πέταται δ' ἐπί τε χθόνα καὶ διὰ θαλλάσσας τήλοθεν ὄνυμ' αὐτῶν·

Isth. II, 58 ff: οὐδέ ποτε ξενίαν οὖρος ἐμπνεύσαις ὑπέστειλ' ἱστίον ἀμφὶ τράπεζαν· ἀλλ' ἐπέρα ποτὶ μὲν Φᾶσιν θερείαις ἐν δὲ χειμῶνι πλέων Νείλου πρὸς ἀκτάς·

So ferner Ne. V, 35 ff: δὴ αὐτόθεν θμαθ' ὑποσκάπτοι τις· ἔχω γονάτων ἐλαφρὸν ὁρμάν· καὶ πέραν πόντοιο πάλλοντ' ἀετοί — besonders aber das schöne Bild Py. VI, 14 ff: (ἕτοιμος ὕμνων θησαυρὸς ἐν πολοχρύσῳ Ἀπολλωνίᾳ τετείχεισται νάπᾳ)

> τὸν οὔτε χει-
> μέριος ὄμβρος ἐπακτός ἐλθών
> ἐριβρόμου νεφέλας
> στρατὸς ἀμείλιχος, οὔτ' ἄνεμος ἐς μυχοὺς
> ἁλὸς ἄξοισι παμφόρῳ χεράδι
> τυπτόμενον· —

c.

Der Anschauung des Kleinlichen, Niedrigen, Unbedeutenden entsprechen Bilder wie Py. I, 165 ff: ἀψευδεῖ δὲ πρὸς ἄκμονι χάλκευε γλῶσσαν· εἴ τι καὶ φλαῦρον π α ρ α ι θ ύ σ σ ε ι (daneben absprüht) μέγα τοι φέρεται παρ σέθεν· — so Ne. IV, 64 ff: φθονερὰ δ' ἄλλος βλέπων γ ν ώ μ α ν κ ε ν ε ὰ ν σ κ ό τ ῳ κ υ λ ί ν δ ε ι χ α μ α ι π ε τ ο ῖ σ α ν· — In schön durchgeführtem Bilde: Ne. III, 151 ff: ἔστι δ' αἰετὸς ὠκὺς ἐν ποτανοῖς, ὅς ἔλαβεν αἶψα, τηλόθι μεταμαιόμενος δαφοινὸν ἄγραν ποσίν· κ ρ α γ έ τ α ι δ ὲ κ ο λ ο ι ο ὶ τ α π ε ι ν ὰ ν έ μ ο ν τ α ι· — Aehnlich Ne. IX, 12 ff: ἔστι δέ τις λόγος ἀνθρώπων, τετελεσμένον ἐσλὸν μὴ χ α μ α ὶ σ ι γ ᾷ κ α λ ύ ψ α ι· — und Py. XI, 46: κίσχει μέγας ὄλβος οὐ μείονα φθόνον· ὁ δὲ χ α μ η λ ὰ π ν έ ω ν ἄ φ α ν τ ο ν

βρύει· — Für das Nichtige Py. II, 109: λέγει ἕτερόν τιν᾽ ἀν᾽
Ἑλλάδα τῶν πάροιθε γενέσθαι ὑπέρτερον χαύνᾳ πραπίδι
παλαιμονεῖ κενεά und Py. VI, 53: χαμαιπετὲς δ᾽ ἄρ᾽
ἔπος οὐκ ἀπέριψεν· ebenso Py. VIII, 141: τίς δέ τις; τίς δ᾽ οὔ
τις; σκιᾶς ὄναρ ἄνθρωπος. —

V

Bilder, denen die lebhafte Anschauung eines optischen Objectes zu Grunde liegt.

Pindar hat eine nicht unbeträchtliche Anzahl von Tropen, die eine sonst indifferente, so zu sagen mathematische Anschauung, Figur, Richtung und ähnliche auf das Effectvollste dadurch bezeichnen, dass dieselben mit lebenden Körpern, beweglicher Thätigkeit u. s. w. in unmittelbare Beziehung gebracht werden. — Der Schwerpunkt dieser Translationsweise würde nach Mützell's System „De translationum, quae vocantur, apud Curtium usu" Berol. 1842." in die Kategorie der Metaphern fallen, die „vom Lebendigen auf Lebloses" übertragen sind, was hier als eine Erscheinungsart der in ihrem Wesen weitere Kreise umspannenden tropischen Function insoferne Beachtung verdient, als das Leben es ist, wodurch jedes gestaltliche Element zu seinem charakteristischesten Ausdruck gebracht wird.

Hieher gehören: die Metapher für „Inneres" Ol. IX, 127 ff: ἄλλαι δὲ δύ᾽ ἐν Κορίνθου πύλαις ἐγένοντ᾽ ἔπειτα χάρμαι, ταὶ δὲ καὶ Νεμέας Ἐφαρμόστῳ κατὰ κόλπον· — so Ol. XIII, 121 ff: σὺν δὲ κείνῳ καὶ ποτ᾽ Ἀμαζονίδων αἰθέρος ψυχρᾶς ἀπὸ κόλπων ἐρήμων τοξόταν βάλλων γυναικεῖον στρατόν... und Py. IX, 161 ff: ἐν Ὀλυμπίοισί τε καὶ βαθυκόλπου Γᾶς ἀέθλοις ἔν τε καὶ πᾶσιν ἐπιχωρίοις. —

Für „Mittelpunkt" das geläufige Bild in Py. IV, 120 ff: ἦλθε δέ οἱ κρυόεν πυκινῷ μάντευμα θυμῷ πὰρ μέσον ὀμφαλὸν εὐδένδροιο ῥηᾶὲν ματέρος· (die Verstärkung durch μέσον drückt Hartung durch „von dem mittelsten Punkt" aus) so: Py. XI, 15 ff: ὄφρα Θέμεν ἱερὰν Πυᾶῶνα τε καὶ ὀρᾶοδίκαν γᾶς ὀμφαλὸν κελαδήσετ' ἄκρᾳ σὺν ἑσπέρᾳ, — Ne. VII, 66 ff: βοαᾶόων, τοὶ παρὰ μέγαν ὀμφαλὸν εὐρυκόλπου μόλον χᾶονός, ἐν Πυᾶίοισι γαπέδοις κεῖται.

Dem Begriffe der „Grundlage" entsprechen Py. VII, init.: Κάλλιστον αἱ μεγαλοπτόλιες Ἀᾶῆναι προοίμιον Ἀλκμανιδᾶν εὐρυσᾶενεῖ γενεᾷ κρηπῖδ' ἀοιδᾶν ἵππῖοι βαλέσᾶαι· — und Ne. II, 4 ff: καὶ ὃδ' ἀνὴρ καταβολὰν ἱερῶν ἀγώνων νικαφορίας δέδεκται πρώταν Νεμεαίου ἐν πολυυμνήτῳ Διὸς ἄλσει· —

Für „Eingang" Py. IV, 72 ff: εἰ γὰρ οἴκοι νιν βάλε πὰρ χᾶόνιον Ἄιδα στόμα, Ταίναρον εἰς ἱερὰν Εὔφαμος ἐλᾶων..., und öfter.

Für „Erhöhung" das Bild Py. IV, 10: ἱερὰν νᾶσον ὡς ἤδη λιπὼν κτίσσειεν εὐάρματον πόλιν ἐν ἀργινόεντι μαστῷ· in anderem Bilde Py. I, 55 ff: εἴη, Ζεῦ, τὶν εἴη ἀνδάνειν, ὃς τοῦτ' ἐφέπεις ὄρος, εὐκάρποιο γαίας μέτωπον· — So veranschaulicht die „erhöhte Fläche" Ne. IX, 53 ff: ὁ δ' Ἀμφιάρῃ σχίσσεν κεραυνῷ παμβίᾳ Ζεὺς τὰν βαᾶύστερνον χᾶόνα, κρύψεν ᾶάμ' ἵπποις· — (Für „steil" steht ᾶοός Frag. pag. 115: [von Otos und Ephialtes] πίτναντες ᾶοὰν κλίμακα ἐς οὐρανὸν αἰπύν·) —

Für „Verzweigung" Fragm. (pag. 355, num. 148 [215] bei Bergk ed. III.): Αἰγυπτίαν Μένδητα, παρ κρημνὸν ᾶαλάσσας ἔσχατον Νείλου κέρας... die hakenförmige Krümmung lebhaft Py. IV, 39 ff: ἀνίκ' ἄγκυραν ποτὶ χαλκόγενυν ναΐ κρημνάντων ἐπέτοσσε, ᾶοᾶς Ἀργοῦς χαλινόν· —

Durch die Anschauung der vorspringenden Vorderseite vermittelt ist das Bild in Py. I, 80 ff: ἄνδρα δ' ἐγὼ κεῖνον αἰνῆσαι μενοινῶν ἔλπομαι μὴ χαλκοπάραον ἄκονᾶ' ὡσείτ' ἀγῶνος βαλεῖν ἔξω παλάμᾳ δονέων —.

Einer ebenso kühnen Metapher liegt „berühren" zu Grunde in Isth. III, 118 ff: τοῖσιν ἐν δυσμαῖσιν αὐγᾶν φλὲξ

3

ἀνατελλομένα συνεχὲς παννυχίζει αἰϑέρα κνισσᾶντι λακτίζουσα
καπνᾷ· —

Für „Verbindung" als Vermittlung (der Isthmus als
Werk der Menschenhände) Isth. III, 53 ff: ὁ κινητὴρ δὲ γᾶς
Ὀγχηστὸν οἰκέων καὶ γέφυραν ποντιάδα πρὸ Κορίνθου τειχέων..
κτέ., 2.) als Einigung divergirender Beziehungen z. B.: Py.
I, 153 ff: καιρὸν εἰ φϑέγξαιο, πολλῶν πείρατα συντα-
νύσαις ἐν βραχεῖ, μείων ἕπεται μῶμος ἀνϑρώπων· — Vgl. Py.
XII, 11 ff: ... αὐτὸν τό νιν Ἑλλάδα νικάσαντα τέχνᾳ, τάν ποτε
Παλλὰς ἐφεῦρε ϑρασεῖαν Γοργόνων οὖλιον ϑρῆνον διαπλέξαισ'
Ἀϑάνα· — und Isth. I, 6 u. 7: εἶξον, ὦ 'πολλωνιάς· ἀμφοτε-
ρᾶν τοι χαρίτων σὺν ϑεοῖς ζεύξω τέλος· cet...

Für „abschliessende Grenze" treten ein Py. I, 32 ff:
νῦν γε μὰν ταί ϑ'ὑπὲρ Κύμας ἁλιερκέες ὄχϑαι Σικελία τ' αὐτοῦ
πιέζει στέρνα λαχνάεντα, — ferner Isth. I, 10 ff: (καὶ τὸν
ἀκειρεκόμαν Φοῖβον χορεύων,) καὶ τὰν ἁλιερκέα Ἰσϑμοῦ δειράδ'·
ἐπεὶ κτέ... — In anderer Anschauung: — als entfernteste
Grenzlinie: Py. X, 49 ff: ὁ χάλκεος οὐρανὸς οὔ ποτ' ἀμβατὸς
αὐτῷ· ὅσαις δὲ βροτὸν ἔϑνος ἀγλαΐαις ἁπτόμεσϑα, περαίνει πρὸς
ἔσχατον πλόον· ναυσὶ δ' οὔτε πεζὸς ἰών τις εὕροι ἐς Ὑπερ-
βορέων ἀγῶνα ϑαυματὰν ὁδόν· — so auch das Bild in Ne. III,
35 ff: εἰ δ' ἐὼν καλὸς ἔρδων τ' ἐοικότα μορφᾷ ἀνορέαις ὑπερτά-
ταις ἐπέβα παῖς Ἀριστοφάνεος, οὐκέτι πρόσω ἀβάταν ἅλα κιόνων
ὑπὲρ Ἡρακλέος περᾶν εὐμαρές· —

* * *

Wir berühren hier im Vorübergehen jene Metaphern,
die eine mehr oder weniger ausgesprochene Grunddifferenz
der räumlich-optischen Anschauung zwischen den tropischen
Tendenzen der griechischen und unserer Sprache aufweisen:
der Sprache, sagen wir, nachdem dieselben in ihrem gleichsam typischen Auftreten mehr der Intellectualität, der meta-

phorischen Intuition der Sprache selbst anzugehören scheinen, als individuelle Erscheinungsarten Pindarischer Poetik sind.

So z. B. haben wir dort, wo wir vom „Ziehen, Reissen, Treiben in's Unglück" reden, Isth. III, 49 ff: δαίμων δ' ἕτερος ἐς κακὸν τρέψαις ἐδαμάσσατο νιν mit der Präponderanz des terminus unde. — wo wir von tiefer liegendem Wesen, innerlicherem Kern u. s. w., hat Pindar Py. III, 114 ff: εἰ δὲ λόγων συνέμεν κορυφάν, Ἱέρων, ὀρθὰν ἐπίστᾳ, μανθάνων οἶσθα προτέρων· ἓν πὰρ᾽ ἐσλὸν πήματα σύνδυο δαίονται βροτοῖς ἀθάνατοι· — „kannst du den Kern enthülsen" (H.).

Geläufig ist uns ferner „sich messen mit dem Gegner", „seine Kraft mit … messen" [im Griech. (Py. IV, 348 ff: ἐς Φᾶσιν δ' ἔπειτεν ἤλυθον· ἔνθα κελαινώπεσσι Κόλχοισι βίαν μῖξαν als Beispiel) βίαν μῖξαι,] worin das Unterscheidungsmoment der quantitativen Abstufung durch die natürliche Tropik des deutschen Ausdruckes liegt, was im griechischen Ausdrucke fehlt, der höchstens schwach auf qualitative Verschiedenheit hinweist.

Betrachten wir die Stelle Py. IV, 474: φαντὶ δ' ἔμμεν τοῦτ᾽ ἀναράτατον, καλὰ γιγνώσκοντ᾽, ἀνάγκᾳ ἐκτὸς ἔχειν πόδα· so haben wir die speciellere Nuance unsres: „ferne bleiben."

Interessant ist diesbezüglich auch das Eingehen auf die Stelle: Ne. XI, 46 ff: ἀλλὰ βροτῶν τὸν μὲν κενεόφρονες αὖχαι ἐξ ἀγαθῶν ἔβαλεν· τὸν δ' αὖ καταμεμφθέντ᾽ ἄγαν ἰσχὺν οἰκείων παρέσφαλεν καλῶν χειρὸς ἕλκων ὀπίσσω θυμὸς ἄτολμος ἐών· —, wo die Motive zur Detaillirung χειρὸς ἕλκων ὀπίσσω in der Disposition des Sprachgeistes liegen, das Zaudern des Zweifelmuthes als Rückschritt anzuschauen, wo wir die Züge des Stationären zum Ausdruck bringen.

Für viele andere seelische Beziehungen treffen wieder die Grundanschauungen in ihren räumlich-optischen Elementen zusammen: so ist z. B. das Afficirtsein von Furcht, Bangen, u. ähnl., auch Py. IX, 48 ff: als lastender Druck aufgefasst, über den trotziger Muth sich emporgeschwungen hat:

3*

θαύμασον, οἶον ἀταρβεῖ νεῖκος ἄγει κεφαλᾷ μόχθου καθύ-
περθε νεᾶνις ἦτορ ἔχουσα· —

So das schöne Bild Ne. IV, 10 ff: ῥῆμα δ' ἐργμάτων
χρονιώτερον βιοτεύει, ὅ τι κε σὺν Χαρίτων τύχᾳ γλῶσσα φρενὸς
ἐξέλοι βαθείας· — „die Lippe sich schöpft aus tiefem
Herzen" (Hart.), übereinstimmend als „tiefe Innigkeit".

VI.

Bilder, die a) unmittelbare, concrete Kundgebungen
seelischer Affecte darstellen, b) seelische Affecte
durch entferntere Beziehungen veranschaulichen.

a.

Hier führen wir z. B. als Ausdrücke der Schamhaf-
tigkeit an Py. IV, 239 ff: Μοῖραι δ᾽ ἀφεστῶσαι, εἴ τις
ἔχθρα πέλῃ ὁμογόνοις, (αἰδῶ κάλυψαν) und Ne. X, 64 ff:
ἐγὼ δ᾽ ἀξιωθείην κεν, ἐὼν Θρασύκλου Ἀντία τε ξύγγονος, Ἄργεῖ
μὴ κρύπτειν φάος ὀμμάτων· —

Der beschaulichen Ruhe Py. IV, 305 ff: μή τινα
λειπόμενον τὰν ἀκίνδυνον παρὰ ματρὶ μένειν αἰῶνα πέσσοντ᾽
ἀλλ᾽ ἐπὶ καί. κτέ. .

Der sorglichen Rücksicht (cf. tueor) Py. III,
121 u. 122: λαγέταν γάρ τοι τύραννον δέρκεται, εἴ τιν᾽
ἀνθρώπων, ὁ μέγας πότμος· —

Der fröhlichen Gehobenheit iu Ne. VII, 127 ff:
προξενίᾳ πέποιθ᾽· ἔν τε δαμόταις ὄμματι δέρκομαι λαμ-
πρόν· —

b.

Dazu rechnen wir die Bilder der Sinnesänderung Py. IV, 481 ff: ἐν δὲ χρόνῳ μεταβολαί, λήξαντος οὔρου, ἱστίων· —

Wie der Dichter sich zur klugen Vorsicht mahnt, um nicht Anstoss zu geben: κώπαν σχάσον, ταχὺ δ' ἄγκυραν ἔρεισον χθονί πρῴραθε, χοιράδος ἄλκαρ πέτρας· —

Des Pflichtgefühles als williges Aufbürden der Last Ne. VI, 91: ἑκόντι δ' ἐγὼ νώτῳ μεθέπω δίδυμον ἄχθος ἀγγελίας· —

Der freundlich waltenden Sorge: Py. III, 101 ff: πραῢς ἀστοῖς οὐ φθονέων ἀγαθοῖς, ξείνοις δὲ θαυμαστὸς πατήρ·

Das lähmende Zaudern des Zweifelmuthes veranschaulicht das unter IV.) erwähnte Bild : τὸν δ' αὖ καταμεμφθέντ' ἄγαν ἰσχὺν οἰκείων παρέσφαλεν καλῶν χειρὸς ἕλκων ὀπίσσω θυμὸς ἄτολμος ἐών· —

Die überwältigende Wonne Isth. V, 64 ff: ταῦτ' ἄρα οἱ φαμένῳ πέμψεν θεὸς ἀρχὸν οἰωνῶν μέγαν αἰετόν· ἁδεῖα δ' ἔνδον νιν ἔκνιξεν χάρις·

Für herabstimmende Affecte mannigfache Bilder: Isth. IV, 61: ἀλλ' ὅμως καύχημα κατάβρεχε σιγᾷ· dann Py. I, 156 ff: ἀπὸ γὰρ κόρος ἀμβλύνει αἰανὴς ταχείας ἐλπίδας· ἀστῶν δ' ἀκοὰ μάλιστ' ἐσλοῖσι ἐπ' ἀλλοτρίοις· So Ne. 1: ἴκετ' ὀξείαις ἀνίαισι τυπείς. τὸ γὰρ οἰκεῖον πιέζει πάνθ' ὁμῶς (εὐθὺς δ' ἀπήμων κραδία κᾶδος ἀμφ' ἀλλότριον·) —

Die bängliche Stimmung der Seele im Bilde Py. VI, 51: Μεσσανίου δὲ γέροντος δονηθεῖσα φρὴν βόασε παῖδα ἕν· — cf. Isth. VII, 23: δόλιος γὰρ αἰὼν ἐπ' ἀνδράσι

κρέμαται (ἐλίσσων βίου πόρον˙) und Ne. VI, 88 ff: τὸ δὲ
πὰρ ποδὶ ναὸς ἐλισσόμενον αἰεὶ κυμάτων λέγεται
παντὶ μάλιστα δονεῖν θυμόν˙ —

Das Aufathmen aus dieser Gedrücktheit
unter dem Bilde Isth. VII, 16: ὀπειδὴ τὸν ὑπὲρ κεφαλᾶς
λίθον γε Ταντάλου παρά τις ἔτρεψεν ἄμμι θεός˙
— in anderer Anschauung Py. II, 37 ff: πολεμίων καμάτων
ἐξ ἀμαχάνων διὰ τεὰν δύναμιν δρακεῖσ᾽ ἀσφαλές˙ —
und wieder Py. IV. 328 ff: ἀμπνοὰν δ᾽ ἥρως ἔστασαν
θεοῦ σάμασιν πιθόμενοι˙ —

Was die Seele quälend bewegt: Py. X, 109 ff:
καὶ γὰρ ἑτέροις ἑτέρων ἔρως ὑπέκνισε φρένας˙. — so Py. XI,
35 ff: πότερόν νιν ἄρ᾽ Ἰφιγένει᾽ ἐπ᾽ Εὐρίπῳ σφαχθεῖσα τῆλε πάτρας
ἔκνισεν βαρυπάλαμον ὄρσαι χόλον; —

Der quälende, seelenverwundende Schmerz:
Py. II, 96 ff: ἐμὲ δὲ χρεὼν φεύγειν δάκος ἀδινὸν κακαγοριᾶν˙
— (Py. VIII, 11: ὁπόταν τις ἀμείλιχον καρδίᾳ κότον ἐνελάσῃ,
vom Beilhiebe? [Goram.]) — Ein anderes Bild: Ne. VIII,
38 ff: ὄψον δὲ λόγοι φθονεροῖσιν˙ κεῖνος καὶ Τελαμῶνος δάψεν
υἱὸν φασγάνῳ ἀμφικυλίσαις˙ — So Ne. I, 81: (Ἀμφιτρύων) ὕκετ᾽
ὀξείαις ἀνίαισι τυπείς˙ — und Py. II, 165: ἀλλ᾽ οὐδὲ
ταῦτα νόον ἰαίνει φθονερῶν ˙˙˙ ἐνέπαξαν ἕλκος ὀδυναρὸν
ἑᾷ πρόσθε καρδίᾳ ˙˙˙

Das Ungemach in seinem öden, eisigen Charakter von
Seite des Gemüthes aufgefasst: Py. V, 151 u. 152: μὴ
φθινοπωρὶς ἀνέμων χειμερία καταπνοὰ χαμαὶ ἔλθον χέοι ˙˙˙
so Isth. I, 52: ἐρειπόμενον ναυαγίαις ἐξ ἀμετρήτας ἁλὸς ἐν
κρυοέσσα συντυχίᾳ˙

Gram und Kummer mit düsterer, dunkler Färbung
in Beziehung gebracht: Py. IV, 186: κᾶδος ὡσείτε φθιμένου
δνοφερὸν ἐν δώμασι θηκάμενοι ˙˙ vgl. Ne. VII, 119: ξεῖνός
εἰμ᾽˙ ἀπέχων σκοτεῖνὸν ψόγον ˙˙˙ und Ne. IX, 82 ff:
φόνου παρποδίου νεφέλαν τρέψαι ποτὶ δυσμενέων ἀνδρῶν
στίχας ˙˙˙

Und umgekehrt: Freude und Licht in Py. IX, 71:
τῶν εὐφροσύνα τε καὶ δόξ' ἐπιφλέγει· — So Py. VI, 20 ff:
φάει δέ πρόσωπον ἐν καθαρῷ.. Θρασύβουλε.. εὔδοξον νίκαν..
ἀπαγγελεῖ· — und Py. IX, 144 ff: Χαρίτων κελαδεννᾶν μή
με λίποι καθαρὸν φέγγος· wie auch Isth. I, 55 n. 56: νῦν
δ᾽ αὖτις ἀρχαίας ἐπέβασε πότμος συγγενὴς εὐαμερίας· — (cf.
Isth. VI, 59: Γαιάοχος εὐδίαν ὄπασσεν ἐκ χειμῶνος·) —
[Freude und materielles Wachsthum in Beziehung gebracht:
Py. II, 98 ff: εἶδον γὰρ.. ἐν ἀμαχανίᾳ ψογερὸν Ἀρχίλοχον βα-
ρυλόγοις ἔχθεσιν πιαινόμενον· „der sich an Tadel und Läste-
rungen gern weidete" (Hartung)].

Der vielseitige Anlass, der Pindar bei Gelegenheit der
Veranschaulichung zauberischer Gesangesmacht geboten war,
hat die griechische Tropik mit mancher fein empfundenen
Darstellungsnuance des sanften, lieblichen Gefühls
bereichert:

So das Bild in Ol. XI, 147: τὶν δ᾽ ἀδυεπής τε λύρα
γλυκύς τ᾽ αὐλὸς ἀναπάσσει χάριν („ab unguentis"
Goram.) — Py. III, 89 ff: εἰ δὲ σώφρων ἄντρον ἔναι᾽ ἔτι Χείρων,
καί τε οἱ φίλτρον ἐν θυμῷ μελιγάρυες ὕμνοι ἁμέτεροι τίθεν·
— Unter einem anderen Bilde Py. I, 22 ff: κῆλα τέ καὶ
δαιμόνων θέλγει φρένας ἀμφί τε Λατοίδα σοφίᾳ βαθυκόλπων
τε Μοισᾶν· —

Ferner in Py. V, 123 ff: Μεγαλᾶν δ᾽ ἀρετᾶν δρόσῳ
μαλθακᾷ ῥανθὲν κώμων ὑπὸ γεύμασιν ἀκούει κλέος χθονίᾳ φρενί
πάνολβον, — und dasselbe Bild der erquickenden Thautropfen
in Isth. III, 129 u. 130: σὺν Ὀρσέᾳ δέ νιν κωμάξομαι, τερπνὰν
ἐπιστάζων χάριν· —

Mit feiner psychologischer Beobachtung gezeichnet das
Bild in Py. II, 68: ψεῦδος γλυκὺ μεθέπων, ἄιδρις ἀνήρ· —

Unter demselben Bilde reihen sich hier an: Isth. III,
12 ff: ὅτε δέ καὶ διδύμων ἄθλων Μελίσσῳ μοῖρα, πρὸς εὐφρο-
σύναν τρέψαι γλυκεῖαν ἦτορ···, so Isth. II, 11: οὐδ' ἐπέρ-
ναντο γλυκεῖαι μελιφθόγγου ποτέ Τερψιχόρας ἀργυρωθείσας πρόσ-

ῶπα μαλθακόφωνοι ἀοιδαί; — und Isth. IV, 63 ff: ἐν δ'
ἐρατεινῷ μέλιτι καὶ τοιῷδε τιμᾷ καλλίνικον χόρμ' ἀγαπάζοντι·
— Ne. VII, 23 ff: εἰ δὲ τύχῃ τις ἔρδων, μελίφρον' αἰτίαν
ῥοαῖσι Μοισᾶν ἐνέβαλεν· und Py. IX, 38 ff: τὸν δὲ σύγκοιτον
γλυκὺν παῦρον ἐπὶ γλεφάροις ὕπνον ἀναλίσκοισα ῥέποντα πρὸς
ἀῶ. — u. s. w.

Rückblick.

Betrachten wir nun die Hauptrichtungen, nach welchen hin Pindars poetische Intuition die äussere und die gedankliche Welt in verwandten Beziehungen schaut — welchen Anschauungen er in der Metapher, gleichsam dem condensirten glühenden Kern poetischer Gehobenheit Ausdruck verleiht —, so finden wir diese verwandten Beziehungen mit Vorliebe dort erfasst, wo der (dem Bilde und dem gedanklichen Inhalte) gemeinsame Zug die Anschauung der Kraft, der unzerstörbaren, unerschütterlichen Festigkeit, der bindenden, fesselnden Gewalt, der dynamischen Fülle, des stürmischen, offensiven Strebens, der leitenden, bezwingenden, zerstörenden Gewalt ist. Die hieher gehörenden Metaphern sind die verhältnissmässig zahlreichsten. Ein zweites, weite Kreise umspannendes gemeinsames Moment ist die Anschauung der Bewegtheit, der „ewige Fluss der Dinge", das Werden, Entstehen, Vergehen und Wiederaufleben, dann die Erscheinungen der eilenden, fluthenden Bewegung u. s. w. Das Gegentheil, die Ruhe, vermittelt als „feierliche Ruhe" stimmungsvolle Metaphern.

Die Anschauungen des Imposanten, Achtunggebietenden, Grossartigen wirken sympathisch auf das Gemüth des Dich-

ters, das gerne in farbenprächtigen Bildern schwelgt, die
diese Anschauungen mit dem gedanklichen Inhalte gemein
haben.

Kraft, Bewegtheit, Erhabenheit dürften so-
nach als Mittelpunkte der Anschauungskreise bezeichnet werden, durch welche hindurch die Intuition des „lyrischen
Titanen" besonders oft zu schwungvoll metaphorischem Ausdruck gelangt.

In die Objecte der äussern, optischen Betrachtung
schaut Pindar in die Formenverwandtschaft hinein, die zwischen diesen Objecten und den Körpertheilen eines lebenden
Wesens oder einem Werke der Menschenhand besteht.

Seelische Affecte und Zustände werden bei Pindar sel-
tener unmittelbar durch die Erscheinungen veranschaulicht,
in denen sich jene kundgeben; gewöhnlich wird deren ent-
legenere Beziehung zu irgend einer andern äusseren Erscheinung in lebhafter Anschauung als verwandtes Moment aufgefasst.

*   *   *

Erhellt aus diesem eklektischen Versuche, in welchem
der Natur der Sache nach der Schwerpunkt der Un-
tersuchung auf die Berechtigung der Methode
fiel, im Allgemeinen daher nur relative Voll-
ständigkeit angestrebt wurde, — die Lebensfähig-
keit eines Verfahrens, das nicht ausschliesslich die Nuancen-
verwandtschaft tropischen Colorits, sondern das Verhältniss
dieser zum begrifflichen Inhalte durch ein prägnantes Medium
— das tertium comparationis — hervorhebt und einer planmässigen Tropik als Eintheilungsprincip zu Grunde legt, —
so dürfen wir unser Ziel als erreicht betrachten.

Ist dies weniger der Fall, so wird doch der gegenwärtige Versuch vielleicht Anlass zur Auffindung einer richtigeren Methode in der Behandlung der Tropik bieten. Heute, wo die Bedeutung der vergleichenden Forschung so rückhaltlos anerkannt wird, wäre durch eine solche richtige Methode umsomehr gewonnen, als durch die Anwendung derselben auf die tropischen Eigenthümlichkeiten j e d e s e i n z e l n e n alten Dichters, endlich die Z u s a m m e n s t e l l u n g m e t h o d i s c h g e w o n n e n e r E i n z e l r e s u l t a t e, eine v e r g l e i c h e n d e T r o p i k d e s c l a s s i s c h e n A l t e r t h u m s ermöglicht würde.

INHALT.
—

www.ingramcontent.com/pod-product-compliance
Lightning Source LLC
Chambersburg PA
CBHW032135080426
42733CB00008B/1078